Anika Weller

Access & Benefit Sharing. Zentraler Konflikt der Convention on Biological Diversity (CBD)

GRIN Verlag

Bibliografische Information der Deutschen Nationalbibliothek:

Die Deutsche Bibliothek verzeichnet diese Publikation in der Deutschen National-
bibliografie; detaillierte bibliografische Daten sind im Internet über http://dnb.d-
nb.de/ abrufbar.

Dieses Werk sowie alle darin enthaltenen einzelnen Beiträge und Abbildungen
sind urheberrechtlich geschützt. Jede Verwertung, die nicht ausdrücklich vom
Urheberrechtsschutz zugelassen ist, bedarf der vorherigen Zustimmung des Verla-
ges. Das gilt insbesondere für Vervielfältigungen, Bearbeitungen, Übersetzungen,
Mikroverfilmungen, Auswertungen durch Datenbanken und für die Einspeicherung
und Verarbeitung in elektronische Systeme. Alle Rechte, auch die des auszugsweisen
Nachdrucks, der fotomechanischen Wiedergabe (einschließlich Mikrokopie) sowie
der Auswertung durch Datenbanken oder ähnliche Einrichtungen, vorbehalten.

Impressum:

Copyright © 2008 GRIN Verlag GmbH
Druck und Bindung: Books on Demand GmbH, Norderstedt Germany
ISBN: 978-3-656-44694-1

Dieses Buch bei GRIN:

http://www.grin.com/de/e-book/146856/access-benefit-sharing-zentraler-konflikt-
der-convention-on-biological

GRIN - Your knowledge has value

Der GRIN Verlag publiziert seit 1998 wissenschaftliche Arbeiten von Studenten, Hochschullehrern und anderen Akademikern als eBook und gedrucktes Buch. Die Verlagswebsite www.grin.com ist die ideale Plattform zur Veröffentlichung von Hausarbeiten, Abschlussarbeiten, wissenschaftlichen Aufsätzen, Dissertationen und Fachbüchern.

Besuchen Sie uns im Internet:

http://www.grin.com/

http://www.facebook.com/grincom

http://www.twitter.com/grin_com

Referatsausarbeitung zum Thema

Access & Benefit Sharing

- Zentraler Konflikt der CBD -

Seminar: *Globale Umweltpolitik; SS 2008*

Referentin: *Anika Weller*

1. Wie hängt der gerechte Vorteilsausgleich mit der Erhaltung der Biodiversität zusammen?

Die Konvention über biologische Vielfalt (Convention on Biological Diversity - CBD) nennt als ihr grundlegendes Ziel

> "*the conservation of biological diversity, the sustainable use of its components and the fair and equitable sharing of the benefits arising out of the utilization of genetic resources, including by appropriate access to genetic resources and by appropriate transfer of relevant technologies, taking into account all rights over those resources and to technologies, and by appropriate funding*"[1] .

Hierbei ist bereits in Ansätzen beschrieben, wie Zugang und gerechter Vorteilsausgleich mit der Erhaltung der biologischen Vielfalt zusammenhängen:

- Die Vorteile, die sich aus der Nutzung der Biodiversität ergeben, sollen gerecht und gleich aufgeteilt werden, ein gerechter Vorteilsausgleich (Benefit Sharing) wird also verlangt.
- Dieser soll erreicht werden, indem die biodiversitätsreichen Länder (sog. Geberländer), den biodiversitätsarmen Ländern (sog. Nehmerländer) den Zugang (Access) zu genetischen Ressourcen erleichtern und
- als Entschädigung ihre Technologien weitergeben und den Geberländern finanzielle Unterstützung als Ausgleich für die Nutzung ihrer Biodiversität zukommen lassen, was wiederum einen (gerechten) Vorteilsausgleich bedeutet.

Kurz: Access and benefit sharing (ABS) wird als eines der drei Hauptziele der CBD[2] genannt.

---

[1] http://www.cbd.int/convention/articles.shtml?a=cbd-01
[2] neben der allgemeinen Erhaltung der biologischen Vielfalt und ihrer nachhaltigen Nutzung

2. Was sind die wichtigsten Positionen zum Thema ABS?

Weil die biodiversitätsarmen Länder vor allem Planungs- und Rechtssicherheit wegen hoher Kosten bei der Entwicklung von Technologien erwarten, sind sie für eine Stärkung des Übereinkommens über handelsbezogene Aspekte der Rechte am geistigen Eigentum (Agreement on Trade-Related Aspects of Intellectual Property Rights - TRIPS) und gegen eine Überregulierung auf Seiten der Geberländer beim Zugang zu den genetischen Ressourcen.

Die Geberländer hingegen erhoffen sich eine Stärkung der CBD gegenüber des TRIPS. Die indigene Bevölkerung dieser Länder fordert mehr Selbstbestimmung und die internationale Anerkennung ihrer Rechte. Sie werfen der CBD vor, dass sie ohne ihr Mitwirken entwickelt worden sei, obwohl es doch „ihre" genetischen Ressourcen seien, welche die Nehmerländer haben wollen und mit denen gehandelt wird. Aus diesem Grund haben sie in der letzten Zeit Netzwerke entwickelt, um ihre Interessen besser vertraten zu können. Die CBD bezieht sich auf die indigene Bevölkerung in ihrem Artikel 8j.

Zwei weitere Akteure sind die Biotech-Firmen der Nehmerländer, welche vor allem an der Wahrung ihrer geistigen Eigentumsrechte und guten Handelsbedingungen interessiert sind, und die Nicht-Regierungs-Organisationen (Non-Governmental Organizations - NGOs), die als Wissensgemeinschaften zur Klärung schwieriger Sachverhalte beitragen und Informationen bereit stellen. Sie stehen dem TRIPS eher skeptisch gegenüber und setzen sich für die indigene Bevölkerung in den südlichen Ländern ein.

3. Welche zentralen Probleme ergeben sich beim ABS?

a) Problem 1: Der Zugang zu den genetischen Ressourcen - Access

Durch die Kritik der biodiversitätsreichen Länder des Südens, dass sich die biodiversitätsarmen Ländern des Nordens die genetischen Ressourcen ohne eine entsprechende Gegenleistung aneigneten („Biopiraterie"), wurde es nötig, den Zugang

zu genetischem Material zu regeln. Dabei garantiert die CBD den Mitgliedstaaten nationale Souveränität über ihre Ressourcen, was nicht bedeutet, dass diese den einzelnen Staaten gehören, aber sehr wohl, dass sie Staaten das Recht dazu haben, Regeln im Umgang mit „ihren" genetischen Ressourcen national festzulegen.

In dem zu Beginn von der CBD formulierten Ziel wird verlangt, dass der Zugang und der durch die darauf folgende Nutzung der genetischen Ressourcen entstehende Nutzen einen gerechten Vorteilsausgleich nach sich ziehen solle. Dies bedeutet, dass die aus der Nutzung entstehenden Vorteile nicht nur den Nehmerländern zu Gute kommen, sondern auch den Ländern, dessen genetische Ressourcen verwendet werden.

Weiterhin verlangt die CBD, dass der Zugang zu genetischen Ressourcen erleichtert werden solle. Dadurch können die Nehmerländer und deren Biotechnologie-Firmen schneller, kostengünstiger und effizienter auf das Genmaterial zurückgreifen und letztendlich durch Zeit- und Geldersparnisse höhere Gewinne (größeren Nutzen) erzielen (von denen wiederum die Geberländer profitieren, wenn die o.g. Forderung nach einem gerechten Ausgleich erfüllt wird). Nun können die Biotech-Firmen jedoch nicht einfach in die biodiversitätsreichen Länder fahren und wahllos Pflanzen einsammeln, um deren Erbmaterial auf in ihm verborgene nützliche Eigenschaften zu untersuchen, da dies der Suche nach einer Nadel im Heuhaufen gliche und zu viel Zeit und Geld kosten würde. Eine Erleichterung ist es hierbei für die Biotech-Firmen auf das Wissen der indigenen Bevölkerung zurückgreifen zu können und zu dürfen. Denn durch diese erfahren sie von der Nützlichkeit und Wirkungsweise bestimmter Pflanzen, was die Suche nach dem benötigten Gen erheblich vereinfacht und beschleunigt.

Das Problem hierbei ist, dass die indigene Bevölkerung kein Recht an geistigem Eigentum (Intellectual Property Rights - IPR) kennt (in Bezug auf das Wissen der Nützlichkeit der Pflanzen). Deshalb stellt sich die Frage danach, ob der „Informant" tatsächlich etwas dafür erhalten sollte, wenn er sein Wissen weitergibt (denn es ist ja nicht „seine" Pflanze) und in welcher Form diese Entschädigung bzw. dieser Ausgleich wem zu Gute kommen sollte. Da die indigene Bevölkerung lange Zeit nicht die Möglichkeit hatte an den Prozessen der CBD teilzunehmen, obwohl man doch auf sie – d.h. auf ihre Ressourcen und ihr Wissen – angewiesen ist[3], wird vor allem bei ihnen die

---

[3] Der Artikel 8j der CBD schreibt immerhin explizit vor, dass bei der nationalen Legislation das Wissen und die Praktiken der indigenen Bevölkerung respektiert und geschützt werden und ihr Wissen nur unter ihrem Einbezug und mit ihrer Billigung weitergegeben werden soll. Zudem soll die Weitergabe diese

Forderung nach dem Recht laut, den Zugang zu den genetischen Ressourcen verweigern zu dürfen.

Als drittes in Bezug auf den Zugang fordert die CBD, dass es der vorherigen informierten Zustimmung (Prior Informed Consent - PIC) der Geberländer bedarf, wenn biodiversitätsarme Länder auf deren Ressourcen zurückgreifen, und das zu gegenseitig vereinbarten Bedingungen (Mutually Agreed Terms - MAT). Um diese beiden Voraussetzungen zu erfüllen, ist jedoch eine umfassende Kenntnis in Form von technischem, juristischem und ökonomischem Wissen bei den Akteuren in den Geberländern, insbesondere bei der indigenen Bevölkerung, erforderlich. Diese Kenntnisse sind allerdings nicht einfach so vorhanden und es müssen erst die nötigen Strukturen aufgebaut werden (Capacity Building - CaBu), um eine ökonomische Abschätzung eines gerechten Vorteilsausgleichs zu ermöglichen. Der Aufbau der entsprechenden Kompetenzen ist besonders für die indigene Bevölkerung sehr wichtig, damit sie auf den vier Ebenen – d.h. in internationalen Verhandlungen, bei der nationalen Legislation, bei den Aushandlungen der Zugangsverträge und beim Prozess der Aneignung der Ressourcen und des Wissens – partizipieren können.

b) Problem 2: Die Regulierung des Vorteilsausgleichs – Bonn Guidelines

Benefit Sharing kann auf zwei verschiedene Weisen erfolgen: monetär, also als Ausgleich durch Geld, und nicht-monetär, z.B. durch Beteiligung der Geberländer an Forschungsresultaten der Nehmerländer, Capacity Building oder Technologietransfer. Das Benefit Sharing war einer der Hauptgründe, weshalb die biodiversitätsreichen Länder an der CBD teilnahmen, denn sie erhofften sich dadurch einen Anteil an neuen Forschungen, um später ihre genetischen Ressourcen selbst verwerten zu können, was ihnen neue ökonomische Perspektiven geöffnet hätte. Das Problem dabei waren die IPR, die meist nicht in der Hand der nördlichen Regierungen liegen, sondern bei den Unternehmen selbst, welche die Eigentumsrechte jedoch gesichert sehen wollen und den Technologietransfer in den Süden ablehnen, da die Entwicklung der Technologien große Summen an Geld gekostet habe und diese deshalb nicht ohne weiteres

---

Wissens eine anschließende gerechte Verteilung der sich daraus ergebenden Vorteile bei der Nutzung dieses Wissend nach sich ziehen.

weitergeben werden sollten. Im Endeffekt konnten sich die Geberländer mit ihrem Interesse am Zugang zu modernen Biotechnologien nicht durchsetzen, weshalb der Technologietransfer im Rahmen des Benefit Sharing keine große Rolle mehr spielt und im Moment eher das Konzept des Joint Research and Development verfolgt wird.

Das größte Problem am Benefit Sharing ist dessen Regulierung. Die einfachste Variante des ABS ist eine bilaterale Abmachung, also eine Abmachungen zwischen zwei Vertragsparteien wie z.b. einem Unternehmen aus einem Nehmerland und der Regierung aus einem Geberland. Dabei sind die Unternehmen jedoch im Vorteil, denn sind sie mit den Bedingungen des Handelspartners nicht zufrieden, haben sie immer noch die Möglichkeit zur Nachbargemeinde zu gehen oder eine neue Abmachung mit der Regierung des Nachbarlandes zu schließen. Diese Konkurrenz der biodiversitätsreichen Länder untereinander kann man eindämmen, indem man einen gewissen Rahmen bei den Verhandlungen vorgibt, also ein multilaterales ABS entwirft, das feste Regelungen in Bezug auf PIC und MAT und ABS im allgemeinen enthält. Ein solches multilaterales Abkommen[4] sind die Bonn-Guidelines von der Vertragsstaatenkonferenz 2002 in den Haag, durch die bilaterale Verträge an multilaterale Regeln gebunden werden.

Die Bonn Guidelines ergaben sich aus einer Umfrage unter Schweizer Firmen 1997/98 und wurden offiziell auf der 6. Vertragsstaatenkonferenz (Conference of Parties - COP) in Bonn verabschiedet. Die Formulierungen sind freiwillig, einfach, breit akzeptabel und transparent und bieten den Regierungen eine Ansammlung von Orientierungswissen, das bei der Entwicklung von nationalen ABS-Legislationen verwendet werden kann und soll. Allerdings handelt es sich nur um sog. Guidelines, also Richtlinien, die nach wie vor nur freiwillig und nicht rechtsverbindlich sind, weshalb die biodiversitätsreichen Länder auch nicht mit ihnen zufrieden sind.

Einige inhaltliche Punkte der Bonn Guidelines sind:

- Entwicklung von nationalen Maßnahmen zum ABS
- Gestaltung der entsprechenden Verfahren und Zuständigkeiten
- Einbeziehung indigener und lokaler Gemeinschaften

---

[4] und auch das einzige in diesem Umfang

- Möglichkeiten des Capacity Building
- Abschluss von Zugangsverträgen und Vorteilsausgleichsvereinbarungen
- Möglichkeiten des Informationsaustauschs

Auf der COP 7 im Jahr 2004 wurde die ABS-Abeitsgruppe damit beauftragt, ein sog. „internationales Regime" über Zugang und Vorteilsausgleich bezüglich genetischer Ressourcen zu verhandeln, welches als effektives Instrument bei der Umsetzung der Ziele der CBD dienen soll. Die Verabschiedung eines solchen internationalen Regimes erfolgt in Form eines Protokolls, was bedeutet, dass es sich nicht länger um freiwillige Guidelines handelt, sondern dass Beschlüsse und Vorschläge bindend sind und ihr Nicht-Einhalten von der CBD (oder einem anderen dafür vorgesehenen Organ) sanktioniert werden kann.

Die wichtigsten Funktionen eines solchen ABS-Regimes sind:

- Verbesserung der Transparenz bei den Zugangsbedingungen
- Zugangsbedingungen, die nicht den Zielen der CBD widersprechen
- mehr Rechtssicherheit für Geber- und Nehmerländer
- gerechtere und ausgewogenere Beteiligung an den Vorteilen, die aus der Nutzung der genetischen Ressourcen entstanden sind
- Garantie der Einhaltung nationaler ABS-Regelungen und individueller ABS-Vereinbarungen
- Minimierung von Transaktionskosten und Bürokratie und damit Zeit- und Kostenersparnis

Mögliche neue Elemente sind:

- Mindestanforderungen beim ABS
- standardisierte Bedingungen bei der Vereinbarungen zu Materialüberlassungen zugeschnitten auf unterschiedliche Nutzergruppen
- größerer Stellenwert des Capacity Builduings

- Offenlegpflicht[5]
- Bessere Überwachungsmechanismen zur Kontrolle der Einhaltung der Vereinbarungen
- Ein Streitschlichtungsverfahren

Die Transformation der Bonn Guidelines in ein internationales Regime wird vor allem von den Geberländern, und bei jenen insbesondere von der Gruppe der Megadiversitätsländer (Like Minded Megadiverse Countries - LMMC), gefordert, damit Beschlüsse völkerrechtlich verbindlich sind[6], denn sie sind der Ansicht, dass die Bonn Guidelines in ihrem momentanen Umfang noch keine Beteiligung am Nutzen der biologischen Vielfalt vorsehen, die ihrer besonderen Position als Ursprungsländer dieser biologischen Vielfalt entspricht.

Allerdings ist immer noch unklar, wie es von dem multilateralen Abkommen der Bonn Guidelines zu einem solchen internationalen Regime in Form eines Protokolls kommen soll.

---

[5] „Disclosure of Origins"; meint die zwingende Vorschrift über die Angabe des Herkunftslandes des biologischen Genmaterials und des damit verbundenen Wissens bei der Anmeldung der IPR, also eine Antwort auf die Frage, wie die indigene Bevölkerung bei dem ganzen Prozess mit einbezogen worden ist. Damit verbunden sind eine Zusicherung über die Beachtung und Einhaltung der gültigen Gesetze und Praktiken des Herkunftslandes und zwingende Vorschriften bezüglich der Nichtbefolgung dieser Vorschriften bei der Abmeldung.

[6] d.h. internationale Beschlüsse müssen in nationales Recht umgesetzt werden, womit ihre Befolgung nicht länger freiwillig ist wie bei den Bonn Guidelines.

4. Literaturangabe

Brand, Ulrich; Görg, Christoph: *Postfordistische Naturverhältnisse. Konflikte um genetische Ressourcen und die Internationalisierung des Staates.* Westfälisches Dampfboot, Münster, 2003.

Brand, Ulrich; Görg, Christoph: *Studienbrief für den „UmweltPiloten" zu dem Thema Internationale Biodiversitätspolitik - zwischen Umweltproblem und Ressourcenkonflikt.* 2002.

www.undp.org/biodiversity/docs/Summary_Report_Delhi_Megadiverse_17_21Jan05.doc

www.gruene-beute.de/gruene-beute-2013-biopiraterie-und-widerstand/kapitel-5/die-megadiversitaets-staaten

www.iifb.net/about_iifb.htm

www.cbd.int/abs/bonn.shtml

www.abs.biodiv-chm.de/fileadmin/ABS/documents/iucn_infobrosch_301007.pdf